TERMINAISONS

DES

VERBES

QUATRIÈME ÉDITION

PARIS,

IMPRIMERIE ADMINISTRATIVE DE PAUL DUPONT

Rue de Grenelle-Saint-Honoré, 45.

1863

TERMINAISONS DES VERBES FRANÇAIS.

NOTA. — 1° Les chiffres *ordinaires* indiquent les radicaux des verbes-modèles, et les chiffres **gras** écrits sous les chiffres ordinaires renvoient aux mêmes chiffres gras qui sont placés devant les terminaisons.

2° Les *lettres* entre parenthèses renvoient à des notes qui sont placées à la suite de ce tableau, et qu'il sera bon de consulter de temps en temps.

(A) INFINITIF (B) (sans sujet).

1	2	3	4	5	6	7	8	9	10	11	12	13	14	15	16	17	18	19	20	21	22	23	24	25	26	27	28	29	30	31	32	33	34	35	36	37
1	2	2	2	2	2	2	2	2	2	2	3	3	3	3	3	3	3	3	4	4	4	4	4	4	4	4	4	4	4	4	4	4	4	4	4	4

1 - **er.** (c)
2 - **ir.** (d)
3 - **oir.** (e)
4 - **re.** (f)

(G) PARTICIPE PRÉSENT (sans sujet).

1	2	3	4	5	6	7	8	9	10	11	12	13	14	15	16	17	18	19	20	21	22	23	24	25	26	27	28	29	30	31	32	33	34	35	36	37
1	2	2	2	2	2	2	2	2	2	2	3	3	3	3	3	3	3	3	4	4	4	4	4	4	4	4	4	4	4	4	4	4	4	4	4	4

1 - **ant.** (h)
2 - **yant.** (i)

(J) PARTICIPE PASSÉ.

1	2	3	4	5	6	7	8	9	10	11	12	13	14	15	16	17	18	19	20	21	22	23	24	24 B	25	26	27	28	29	30	31	32	33	34	35	36	37
1	2	3	4	5	2	4	4	4	6	4	4	4	4	4	4	3	4	3	4	3	4	4	4 ou 7	7	8	4	8	2	4	8	8	4	3	8	1	4

1 - **e.** (k)
2 - **i.** (l)
3 - **is.** (m)
4 - **u.** (n)
5 - **ert.** (o)
6 - **ort.** (p)
7 - **s.** (q)
8 - **t.** (r)

1863

	SINGULIER.				PLURIEL.					
JETS des VERBES ordinaires { Je (T) / Moi qui (v) }	Tu / Toi qui		Il, elle, on, etc. (u) / Lui qui, elle qui, etc.		Nous / Nous qui		Vous / Vous qui		Ils, elles, etc. / Eux qui, elles qui, etc.	
SUJETS des VERBES pronominaux { Je me / Moi qui me (v) }		Tu te / Toi qui te		Il se, elle se, on se, etc. / Lui qui se, elle qui se		Nous nous / Nous qui nous		Vous vous / Vous qui vous		Ils se, elles se, etc. / Eux qui se, elles qui se

INDICATIF PRÉSENT (avec les sujets qui sont en tête).

Colonnes : 1 2 3 4 4* 5 6 (s) 7 8 9 10 11 12 13 14 15 16 17 18 19 20 21 22 23 24 25 26 27 28 29 30 31 32 33 34 35 36 37

(x) 1 - e.	es.	e.	ons.	ez.	ent.
(Y) 3 - is ou s rare.	s.	» (1)	ons.	ez.	nt.
(z) 3 - i.	s.	a.	ons.	ez.	ont.
(AA) 4 - uis.	s.	st.	ommes.	es.	ont.
(BB) 5 - s.	s.	t.	ons.	ez.	ent.
(CC) 6 - x.	x.	t.	ons.	ez.	ent.
(DD) 7 - s ou x rare.	x.	»	ons.	ez.	ent.
(EE) 8 - s.	s.	t.	ons.	ez.	ent.
(FF) 9 - s.	s.	t.	ons.	tes.	ont.
(GG) 10 - s.	s.	t.	ons.	tes.	ent.
(HH) 11 - cs.	cs.	c.	ons.	ez.	ent.

(1) Guillemet veut dire dans mon ouvrage que le radical seul forme la personne cherchée.

	SINGULIER.			PLURIEL.		
SUJETS des VERBES ordinaires.	Je (r)	Tu	Il, elle, on, etc. (t)	Nous	Vous	Ils, elles, etc.
	Moi qui (v)	Toi qui	Lui qui, elle qui, etc.	Nous qui	Vous qui	Eux qui, elles qui, etc.
SUJETS des VERBES pronominaux.	Je me (v)	Tu te	Il se, elle se, on se, etc.	Nous nous	Vous vous	Ils se, elles se, etc.
	Moi qui me	Toi qui te	Lui qui se, elle qui se	Nous qui nous	Vous qui vous	Eux qui se, elles qui se

(II) **IMPARFAIT DE L'INDICATIF** (avec les sujets qui sont en tête).

(JJ)

1 - ais.	ais.	ait.	ions (1).	iez (1).	aient.
1 2 3 4 5	6 7 8 9 10	11 12 13 14 15	16 17 18 19 20 21 22 23 24 25	26 27 28 29 30	31 32 33 34 35 36 37

(KK) **PASSÉ DÉFINI DE L'INDICATIF** (avec les sujets qui sont en tête).

1 2 3 4 5 6 7 8 9 10 11 12 13 14 15 16 17 18 19 20 21 22 23 24 25 . 26 27 28 29 30 31 32 33 . 34 . 35 36 37

1 3 3 3 3 3 3 3 3 3 2 4 4 4 4 3 4 4 4 3 3 3 4 3 4 . 3 3 3 3 3 3 3 3 . 4 . 4

(LL)	1 - ai.	as.	a.	âmes.	âtes.	èrent.
(MM)	2 - ins.	ins.	int.	înmes.	întes.	inrent.
(NN)	3 - is.	is.	it.	îmes.	îtes.	irent.
(OO)	4 - us.	us.	ut.	ûmes.	ûtes.	urent.

(1) Faites remarquer que les verbes qui ont le radical terminé par un **i** ou par un **y**, comme *li-er*, *voy-er*, etc., auront nécessairement de suite deux **i**, ou un **y** et un **i**, chaque fois que la terminaison commencera par un **i**, c'est-à-dire aux deux premières personnes du pluriel de l'imparfait de l'indicatif et du présent du subjonctif.

	SINGULIER			PLURIEL		
SUJETS des VERBES ordinaires.	Je (T)	Tu	Il, elle, on, etc. (U)	Nous	Vous	Ils, elles, etc.
	Moi qui (V)	Toi qui	Lui qui, elle qui, etc.	Nous qui	Vous qui	Eux qui, elles qui, etc.
SUJETS des VERBES pronominaux.	Je me	Tu te	Il se, elle se, on se, etc.	Nous nous	Vous vous	Ils se, elles se, etc.
	Moi qui me (V)	Toi qui te	Lui qui se, elle qui se.	Nous qui nous	Vous qui vous	Eux qui se, elles qui se

(pp) 1 2 3 4 5 6 7 8 9 10 11 12 13 14 15 16 17 18 19 20 21 22 23 24 24B 25 26 27 28 29 30 31 32 33 34 35 36 37
1 1 1 2 2 4 5 2 4 4 4 6 4 4 4 4 4 4 4 3 3 4 3 4 4 ou 7 7 8 4 8 2 4 8 8 4 3 1 8 1 4

PASSÉ INDÉFINI DE L'INDICATIF (avec les sujets qui sont en tête).

(QQ)	ai.	as.	a.	avons.	avez.	ont.
(RR)	suis.	es.	est.	sommes.	êtes.	sont.

PASSÉ ANTÉRIEUR DE L'INDICATIF (ss bis) (avec les sujets et les numéros du Passé indéfini).

(SS)	eus.	eus.	eut.	eûmes.	eûtes.	eurent.
(TT)	fus.	fus.	fut.	fûmes.	fûtes.	furent.

PLUS-QUE-PASSÉ DE L'INDICATIF (avec les sujets et les numéros du Passé indéfini).

(1)	avais.	avais.	avait.	avions.	aviez.	avaient.
	étais.	étais.	était.	étions.	étiez.	étaient.

(1) 1 2 3 4 5 6 7 8
    é. i. is. u. ert. ort. s. t.

	SINGULIER.			PLURIEL.	
SUJETS des VERBES ordinaires.	Je (r)	Tu	Il, elle, on, etc. (u)	Nous	Vous	Ils, elles, etc.
	Moi qui (v)	Toi qui	Lui qui, elle qui, etc.	Nous qui	Vous qui	Eux qui, elles qui, etc.
SUJETS des VERBES pronominaux.	Je me	Tu te	Il se, elle se, on se, etc.	Nous nous	Vous vous	Ils se, elles se, etc.
	Moi qui-me (v)	Toi qui te	Lui qui se, elle qui se	Nous qui nous	Vous qui vous	Eux qui se, elles qui se

(uu) **FUTUR SIMPLE DE L'INDICATIF** (avec les sujets qui sont en tête).

1 2 3 4 5 6 7 8 8 u 9 10 11 12 13 14 15 16 17 18 19 20 21 22 23 24 25 26 27 28 29 30 31 32 33 34 35 36 37
2 2 2 2 2 2 2 2 2 2 2 2 2 2 2 2 2 2 2 2 2 2 2 2 2 2 2 2 2 2 2 2 2 2 2 1 2

| (vv) | 1 - erai. | eras. | era. | erons. | erez. | eront. |
| (xx) | 2 - rai. | ras. | ra. | rons. | rez. | ront. |

1 1 2 3 4 5 2 4 4 6 4 4 4 4 4 4 3 3 4 3 4 4 4 7 8 4 8 2 4 8 4 3 1 8 1 4

(yy) **FUTUR ANTÉRIEUR DE L'INDICATIF** (avec les sujets qui sont en tête).

| aurai. | auras. | aura. | aurons. | aurez. | auront. |
| serai. | seras. | sera. | serons. | serez. | seront. |

| 1 | 2 | 3 | 4 | 5 | 6 | 7 | 8 |
| é. | i. | is. | u. | ert. | ort. | s. | t. |

— 9 —

SUJETS des VERBES ordinaires.	Je (T)	Tu	Il, elle, on, etc. (v)	Nous	Vous	Ils, elles, etc.
SUJETS des VERBES pronominaux.	Je me Moi qui (v) Moi qui me (v)	Tu te Toi qui Toi qui te	Il se, elle se, on se, etc. Lui qui, elle qui, etc. Lui qui se, elle qui se	Nous nous Nous qui Nous qui nous	Vous vous Vous qui Vous qui vous	Ils se, elles se, etc. Eux qui, elles qui, etc. Eux qui se, elles qui se
	SINGULIER.			PLURIEL.		

(zz) **CONDITIONNEL SIMPLE** (avec les sujets qui sont en tête).

	1	2	3	4	5	6	7	8	8ᴅ	9	10	11	12	13	14	15	16	17	18	19	20	21	22	23	24	24ᴅ	25	26	27	28	29	30	31	32	33	34	35	36	37
(AAA) 1 - erais.	2	2	2	2	2	2	2	2		2	2	2	2	2	2	2	2	2	2	2	2	2	2	2	2		2	2	2	2	2	2	2	2	2	2	2	2	2
(BBB) 2 - rais.	2	2	2	2	2	2	2	2		2	2	2	2	2	2	2	2	2	2	2	2	2	2	2	2		2	2	2	2	2	2	2	2	2	2	2	2	2

(ccc) **CONDITIONNEL PASSÉ DÉFINI** (avec les sujets et les numéros du conditionnel passé défini).

	1	2	3	4	5	6	7	8	9	10	11	12	13	14	15	16	17	18	19	20	21	22	23	24	24ᴅ	25	26	27	28	29	30	31	32	33	34	35	36	37
(1) erais.	1	2	3	4	5	2	4	4	6	4	4	4	4	4	4	4	4	4	4	4	3	4	4ᴅ	4 ou 7	8	4	8	2	4	8	8	4	3	1	8	1	4
rais.	eusse.	eusses.	eût.	eussions.	eussiez.	eussent.
fusse.	fusses.	fût.	fussions.	fussiez.	fussent.

(DDD) **CONDITIONNEL PASSÉ INDÉFINI** (avec les sujets et les numéros du conditionnel passé défini).

| (1) | aurais. | aurais. | aurait. | aurions. | auriez. | auraient. |
| serais. | serais. | serait. | serions. | seriez. | seraient. |

(1) é. 1 2 is. 3 u. 4 ert. 5 ort. 6 s. 7 t. 8

IMPÉRATIF SIMPLE (sans sujets exprimés).

	(toi, t'en) (GGG)	ons. (nous)	ez. (vous)
1 - e (s-en, s-y) (FFF)		ons.	ez.
2 - » (s-en, s-y) (FFF)		ons.	ez.
3 - ois.		oyons.	oyez.
4 - ie. (s-en, s-y) (FFF)		yons.	yez.
5 - s.		ons.	ez.
6 - x.		ons.	ez.
7 - s.		ons.	ez.
8 - s.		ons.	tes.
9 - cs.		ons.	ez.

IMPÉRATIF PASSÉ ANTÉRIEUR (contesté) sans sujets exprimés.

aie. (s-en, s-y). (RRR)	ayons.	ayez.
sois. (sss) (toi)	soyons. (nous)	soyez (vous).

1	2	3	4	5	6	7	8
é.	i.	is.	u.	ert.	ort.	s.	t.

(TTT) SUBJONCTIF PRÉSENT (TTT bis).

Il faut ou il faudra, etc.

	que je / que ce soit moi qui me	que tu / que ce soit toi qui te	qu'il, qu'elle, qu'on, etc. / que ce soit lui qui se, que ce soit elle qui se	que nous / que ce soit nous qui nous	que vous / que ce soit vous qui vous	qu'ils, qu'elles, etc. / que ce soient eux qui se, que ce soient elles qui se
1 - e. (UUU)	e.	es.	e.	ions.	iez.	ent.
2 - ois. (VVV)	ois.	ois.	oit.	yons.	yez.	oient.
3 - ie. (XXX)	ie.	ies.	it.	ions.	iez.	ient.

1 – 2 – 3 – 4 – 5 – 6 – 7 – 8 – 9 – 10 – 11 – 12 – 13 – 14 – 15 – 16 – 17 – 18 – 19 – 20 – 21 – 22 – 23 – 24 – 25 – 26 – 27 – 28 – 29 – 30 – 31 – 32 – 33 – 34 – 35 – 36 – 37
1 1 1 1 1 1 1 1 1 1 1 1 1 1 1 1 1 1 1 1 1 1 1 1 1 1 1 1 1 1 1 1 1 1 1 2 3

(YYY) IMPARFAIT DU SUBJONCTIF.

Il fallait ou il faudrait, etc.

	que je / que ce fût moi qui me	que tu / que ce fût toi qui te	qu'il, qu'elle, qu'on, etc. / que ce fût lui qui se, que ce fût elle qui se	que nous / que ce fût nous qui nous	que vous / que ce fût vous qui vous	qu'ils, qu'elles, etc. / que ce fussent eux qui se, que ce fussent elles qui se
1 - asse (LL)	asse.	asses.	ât.	assions.	assiez.	assent.
2 - insse (MM)	insse.	insses.	înt.	inssions.	inssiez.	inssent.
3 - isse (NN)	isse.	isses.	ît.	issions.	issiez.	issent.
4 - usse (OO)	usse.	usses.	ût.	ussions.	ussiez.	ussent.

1 2 3 4 5 6 7 8 9 10 11 12 13 14 15 16 17 18 19 20 21 22 23 24 25 26 27 28 29 30 31 32 33 34 35 36 37
1 3 3 3 3 3 3 3 2 4 4 4 4 3 4 4 4 3 3 3 4 3 4 3 4 . 3 3 3 3 3 3 3 3 . 4 4

— 8 —

(zzz) PASSÉ DU SUBJONCTIF.

	que je	que tu	qu'il, qu'elle, qu'on, etc.	que nous	que vous	qu'ils, qu'elles, etc.
	que ce soit moi qui	que ce soit toi qui	que ce soit lui qui, que ce soit elle qui, etc.	que ce soit nous qui	que ce soit vous qui	que ce soient eux qui, que ce soient elles qui
	que je me	que tu te	qu'il se, qu'elle se, qu'on se, etc.	que nous nous	que vous vous	qu'ils se, qu'elles se, etc.
	que ce soit moi qui me	que ce soit toi qui te	que ce soit lui qui se, que ce soit elle qui se	que ce soit nous qui nous	que ce soit vous qui vous	que ce soient eux qui se, que ce soient elles qui se, etc.
	aie.	aies.	ait.	ayons.	ayez.	aient.
	sois.	sois.	soit.	soyons.	soyez.	soient.

1 2 3 4 5 6 7 8 9 10 11 12 13 14 15 16 17 18 19 20 21 22 23 24 24 B 25 26 27 28 29 30 31 32 33 34 35 36 37
1 1 1 2 4 4 4 4 4 4 4 4 4 4 4 4 4 4 3 4 4 4 7 ou 7 8 4 8 2 4 8 8 4 3 1 8 1 4

1	2	3	4	5	6	7	8
é.	is.	u.	ert.	ert.	s.	t.

On ne croit pas, etc.

(AAAA) PLUS-QUE-PASSÉ DU SUBJONCTIF.

On ne croyait pas, on il aurait fallu, etc.

que je	que tu	qu'il, qu'elle, qu'on, etc.	que nous	que vous	qu'ils, qu'elles, etc.
que ce fût moi qui	que ce fût toi qui	que ce fût lui qui, que ce fût elle qui, etc.	que ce fût nous qui	que ce fût vous qui	que ce fussent eux qui, que ce fussent elles qui
que je me	que tu te	qu'il se, qu'elle se, qu'on se, etc.	que nous nous	que vous vous	qu'ils se, qu'elles se, etc.
que ce fût moi qui me	que ce fût toi qui te	que ce fût lui qui se, que ce fût elle qui se, etc.	que ce fût nous qui nous	que ce fût vous qui vous	que ce fussent eux qui se, que ce fussent elles qui se, etc.
eusse.	eusses.	eût.	eussions.	eussiez.	eussent.
fusse.	fusses.	fût.	fussions.	fussiez.	fussent.

1 2 3 4 5 6 7 8 9 10 11 12 13 14 15 16 17 18 19 20 21 22 23 24 24 B 25 26 27 28 29 30 31 32 33 34 35 36 37
1 1 1 2 4 4 4 6 4 4 4 4 4 4 4 4 4 3 4 4 3 4 7 8 4 8 2 4 8 8 4 3 8 1 4

1	2	3	4	5	6	7	8
é.	i.	u.	ert.	ort.	s.	t.

(A) Pour conjuguer convenablement un verbe, il faut placer les mots dans l'ordre établi ci-dessous, en remarquant que :

V. signifie : *Verbe.*		S. signifie : *Sujet.*	
A. — *Verbe auxiliaire.*		PC. — *Pronom complément.*	
PP. — *Participe passé.*		PS. — *Pronom sujet.*	

Conjugaison affirmative d'un verbe ordinaire.

Infinitif présent et participe présent :	V.		
Participe passé :	A.	PP.	
Impératif simple :	V.		
Impératif passé antérieur :	A.	PP.	
Autres temps simples :	S.	V.	
Autres temps composés :	S.	A.	PP.

Conjugaison négative d'un verbe ordinaire.

Infinitif présent et participe présent :	NE.	V.	PAS.	
Participe passé :	NE.	A	PAS.	PP.
Impératif simple :	NE.	V.	PAS.	
Impératif passé antérieur :	NE.	A.	PAS.	PP.
Autres temps simples :	S.	NE.	V.	PAS.
Autres temps composés :	S.	NE.	A.	PAS. PP.

Conjugaison affirmative d'un verbe pronominal.

Infinitif présent :	PC.	V.	
Participe présent :	PC.	V.	
Participe passé :	PC.	A.	PP.
Impératif simple :	V.	PC.	
Impératif passé antérieur :	A.	PC.	PP.
Autres temps simples :	S.	PC.	V.
Autres temps composés :	S.	PC.	A. PP.

Conjugaison négative d'un verbe pronominal.

Infinitif présent :	NE.	PC.	V.	PAS.	
Participe présent :	NE.	PC.	V.	PAS.	
Participe passé :	NE.	PC.	A.	PAS.	PP.
Impératif simple :	NE.	PC.	V.	PAS.	
Impératif passé antérieur :	NE.	PC.	A.	PAS.	PP.
Autres temps simples :	S.	NE.	PC.	V.	PAS.
Autres temps composés :	S.	NE.	PC.	A.	PAS.	PP.

Conjugaison interrogative d'un verbe ordinaire (1).

Temps simples :	V.	S.	
Temps composés :	A.	PS.	PP.

Conjugaison interrogative et négative d'un verbe ordinaire.

Temps simples :	NE.	V.	PS.	PAS.	
Temps composés :	NE.	A.	PS.	PAS.	PP.

Conjugaison interrogative d'un verbe pronominal.

Temps simples :	PC.	V.	PS.	
Temps composés :	PC.	A.	PS.	PP.

Conjugaison interrogative et négative d'un verbe pronominal.

Temps simples :	NE.	PC.	V.	PS.	PAS.	
Temps composés :	NE.	PC.	A.	PS.	PAS.	PP.

(1) Quand on voudra conjuguer un verbe sous la forme interrogative, on devra se rappeler que l'interrogation s'étend seulement du présent de l'indicatif jusqu'à l'impératif simple exclusivement;
Que les sujets pronoms doivent être précédés d'un trait d'union pour s'unir au VERBE dans les temps simples, et à l'AUXILIAIRE dans les temps composés ;
Que l'e muet terminant la première personne singulière se convertit en é (avec accent aigu) devant *je* ;
Que la troisième personne du singulier finissant par a ou par e veut être suivie immédiatement d'un *t* entre deux traits d'union (-t-) devant *il, elle, on* ;
Qu'à la première personne du singulier du présent de l'indicatif, quand le verbe n'a qu'une syllabe, comme : *je rends, je sors, je cours*, etc., l'interrogation prend cette forme : *est-ce que je rends? est-ce que je sors? est-ce que je cours?* Il n'y a guère d'exceptions que dans les verbes suivants : *ai-je? dis-je? dois-je? fais-je? puis-je? sais-je? suis-je? vais-je? vois-je?*

(B) L'infinitif présent s'emploie dans deux cas :
1° Quand il est sujet d'une proposition ;
2° Quand il est complément soit d'un verbe, soit d'une préposition.

(C) Terminaison propre à tous les verbes en ER.

(D) Terminaison propre aux verbes dont le son final se prononce IR.
EXCEPTÉ : 1° *bruire, frire, maudire, occire, rire, sourire*, qui finissent par IRE ;
2° La consonnance finale IR qui doit s'écrire IRE quand le participe présent finit par ISANT ou IVANT.

(E) Terminaison propre aux verbes dont le son final se prononce OIR, excepté, avec leurs composés, *boire* et *croire*, qui finissent par RE.

(F) Terminaison propre à tous les verbes en RE, y compris nécessairement les verbes en IRE exceptés à la lettre (D).

(G) *Le participe présent*, qui doit être employé quand on veut exprimer une coïncidence de temps avec une époque quelconque, est assujetti à la règle générale suivante :
Le participe présent est invariable, c'est-à-dire se termine toujours par les trois lettres ANT :
1° Quand il est précédé de la préposition EN ou de la négation NE ;
2° Quand il est suivi d'un *complément adverbial* ;
3° Quand il a un complément direct ou qu'il exprime *le motif* ou *le moment* d'une action passagère, c'est-à-dire d'une action dont on voit la cessation ; mais le participe présent prend le nom d'adjectif verbal et s'accorde comme l'adjectif :
1° Quand il est précédé de *n'étant pas* ou d'un COMPLÉMENT ADVERBIAL ;
2° Quand il exprime une qualité permanente dans le sujet, une disposition habituelle à agir plutôt qu'une action réelle.

(H) Terminaison propre à tous les verbes, excepté le verbe AVOIR.

(I) Terminaison propre au seul verbe AVOIR.

(J) *Le participe passé*, qui doit être employé quand on veut exprimer, à l'aide du verbe AVOIR ou du verbe ÊTRE, un temps passé, est assujetti aux deux règles suivantes :
1° Le participe passé précédé du verbe ÊTRE, signe d'état, exprimé ou sous-entendu, s'accorde en genre et en nombre avec le sujet du verbe, quelle que soit la place du sujet.
2° Le participe passé précédé du verbe AVOIR ou du verbe ÊTRE, signe d'action dans les verbes pronominaux, ne s'accorde ni avec le *sujet* du verbe,

ni avec le *complément indirect*, ni avec le *complément direct* placé après lui ; mais il s'accorde toujours en genre et en nombre avec son complément direct formellement exprimé avant lui.

Toute la difficulté consiste donc à trouver le *complément direct* du participe passé.

Remarques essentielles.

1° Quand un participe passé est suivi *sans préposition* d'un verbe à l'infinitif présent, il y a accord du participe passé avec le complément direct précédent, si ce complément direct désigne le *sujet actif* du verbe à l'infinitif ; mais si ce complément direct désigne le *sujet passif* du verbe à l'infinitif, il n'y a point d'accord du participe passé avec le complément direct précédent.

2° Lorsqu'un participe passé est suivi immédiatement d'une *préposition* et d'un *verbe* à l'infinitif présent, il y a seulement accord du participe passé avec le complément direct précédent si ce complément peut se placer immédiatement après le participe passé.

3° Le participe passé d'un verbe impersonnel ou employé impersonnellement reste toujours au masculin singulier.

(K) Terminaison propre :
1° à tous les verbes en ER.
2° aux verbes ÊTRE et NAITRE.

(L) Terminaison propre :
1° aux verbes terminés par IR, excepté ceux qui sont terminés par *courir, mourir, offrir, ouvrir, quérir, tenir, souffrir, venir, vêtir.*
2° aux verbes en RE terminés par *luire, nuire, rire, suffire, suivre.*

(M) Terminaison propre :
1° aux verbes en IR qui sont terminés par *quérir.*
2° aux verbes en OIR qui sont terminés par *asseoir*, par *surseoir* et par *seoir* (être assis) ;
3° aux verbes en RE qui sont terminés par : *circoncire, mettre, occire, prendre.*

(N) Terminaison propre :
1° aux verbes en IR qui sont terminés par : *courir, tenir, venir, vêtir.*
2° aux verbes en OIR, excepté *asseoir, surseoir* et *seoir* (être assis).
3° aux verbes en RE qui sont terminés par :
battre, boire, conclure, cendre, coudre, croire, croître, fendre, fondre, lire, mordre, moudre, nnaître, paître, pandre, paraître, pendre, perdre, plaire, pondre, rendre, résoudre, rompre, taire, tendre, tistre, tondre, tordre, vaincre, vendre, vivre.

(O) Terminaison propre aux verbes en IR qui sont terminés par :
offrir, ouvrir, souffrir.

(p) Terminaison propre au seul verbe *mourir*.

(q) Terminaison propre aux verbes en RE qui sont terminés par :
absoudre, clore, dissoudre, reclure.

(r) Terminaison propre aux verbes en RE qui sont terminés par :
crire, cuire, dire, duire, faire, fire, frire, indre, raire, traire, truire.

(s) *L'indicatif présent* s'emploie quand on veut exprimer que *la chose est* ou *se fait* au moment de la parole, ou qu'elle a lieu habituellement.

(t) Au lieu de *je, me, te, se*, on écrit : *j', m', t', s'* devant *a, e, i, é, o, u*, et *h* muette.

(u) Si le sujet est un ou plusieurs substantifs, il faut remplacer ces substantifs par un pronom qui les représente convenablement.

(v) Avec ce sujet on emploie ordinairement l'un des temps du verbe ÊTRE accompagné de **ce**, comme : *C'est moi qui, c'est toi qui, c'est lui qui, c'est nous qui, c'est vous qui, ce sont eux qui.*
Ou bien : *C'est moi qui me, c'est toi qui te, c'est lui qui se, c'est nous qui nous, c'est vous qui vous, ce sont eux qui se.*

(x) Terminaison propre :
1° à tous les verbes en ER, excepté le verbe ALLER ;
2° aux verbes en IR qui sont terminés par :
assaillir, cueillir offrir, ouvrir, saillir (s'avancer en dehors de l'alignement), *souffrir, tressaillir.*

(y) Terminaison propre au seul verbe ALLER.

(z) Terminaison propre au seul verbe AVOIR.

(AA) Terminaison propre au seul verbe ÊTRE.

(BB) Terminaison propre :
1° aux verbes en IR, excepté *faillir*, et les verbes terminés par : *assaillir, cueillir, offrir, ouvrir, saillir* (s'avancer en dehors de l'alignement), *souffrir, tressaillir.*
2° aux verbes en OIR, excepté *asseoir* (N° 19 A), *falloir, pouvoir, valoir*, avec ses composés, *vouloir, messeoir, seoir* (être convenable).
3° aux verbes en RE, excepté ceux qui sont terminés par :

cendre, coudre, dire, verbe, s'entre-dire, faire, fendre, fondre, moudre, mordre, pandre, pendre, perdre, pondre, prendre, redire, rendre, sourdre, tendre, tondre, tordre, vendre, vaincre.

(cc)   Terminaison propre aux verbes FAILLIR et VOULOIR et aux terminaisons en VALOIR.

(dd)   Terminaison propre au seul verbe POUVOIR.

(ee)   Terminaison propre :
1° aux verbes en OIR, mais seulement dans les trois verbes suivants : *asseoir* (N° 19 A), *messeoir*, *seoir* (être convenable).
2° aux verbes en RE qui sont terminés par :
cendre, coudre, fendre, fondre, moudre, mordre, pandre, pendre, perdre, pondre, prendre, rendre, sourdre, tendre, tondre, tordre, vendre.

(ff)   Propre aux terminaisons en FAIRE.

(gg)   Propre aux trois verbes : *dire, redire, s'entre-dire.*

(hh)   Propre aux deux verbes : *convaincre* et *vaincre.*

(ii)   *L'imparfait de l'indicatif* s'emploie quand on veut exprimer qu'un événement, qui est maintenant passé, était en train de s'effectuer lorsqu'un autre s'effectuait, s'effectua ou s'est effectué.

(jj)   Terminaison propre à tous les verbes.

(kk)   *Le passé défini* de l'indicatif ne doit s'employer que pour exprimer un événement avant le jour où l'on est, c'est-à-dire dans un temps entièrement écoulé et dont l'époque est déterminée et souvent éloignée.

(ll)   Terminaison propre aux seuls verbes en ER exclusivement.

(mm)   Terminaison propre à tous les verbes terminés par TENIR et par VENIR.

(nn)   Terminaison propre :
1° aux verbes en IR, excepté ceux qui sont terminés par : *courir, mourir, tenir, venir.*
2° aux verbes en OIR, mais seulement dans ASSEOIR, ENTREVOIR, PRÉVOIR, REVOIR, SURSEOIR, VOIR, verbe.

3° aux verbes en RE, excepté ceux qui sont terminés par :
boire, conclure, croître, croire, être, exclure, lire, moudre, nnaître, paître, paraître, plaire, résoudre, taire, vivre.

(oo) Terminaison propre :
1° aux verbes en IR, mais seulement dans les terminaisons suivantes :
courir, mourir.
2° aux verbes en OIR, excepté dans ceux qui sont terminés par :
asseoir, entrevoir, prévoir, revoir, surseoir, voir, verbe.
3° aux verbes en RE, mais seulement dans les terminaisons suivantes :
boire, conclure, croître, croire, être, exclure, lire, moudre, nnaître, paître, paraître, plaire, résoudre, taire, vivre.

(pp) Le *passé indéfini* de l'indicatif, avec les terminaisons du participe passé, exprime généralement un événement passé dans une époque souvent rapprochée, et s'emploie pour un temps entièrement passé ou non.

(qq) En général on emploie l'auxiliaire AVOIR :
1° avec tout verbe ACTIF (dont le participe passé reste au masculin singulier), à moins qu'il ne soit précédé de son complément direct avec lequel il s'accorde en genre et en nombre.
2° avec tout verbe NEUTRE, quand son participe passé est invariable, c'est-à-dire ne peut être précédé immédiatement ni d'une personne ni d'une chose, comme : *il a régné; elle a vécu.* (On ne pourrait pas dire : *une personne régnée* ; *une chose vécue.*)

(rr) On emploie ordinairement l'auxiliaire ÊTRE :
1° avec tous les temps d'un verbe PASSIF (dont le participe s'accorde toujours en genre et en nombre avec le sujet, comme : *Paul a été puni* ; *Julie a été punie;* etc.). Or, aux temps passés d'un verbe passif, l'auxiliaire se compose du verbe AVOIR suivi du participe invariable ÉTÉ, comme : *j'ai été,* etc.; *j'eus été,* etc.; *j'avais été,* etc.
2° avec tout verbe NEUTRE, quand son participe passé est variable, c'est-à-dire peut être précédé immédiatement *d'une personne* ou *d'une chose,* comme : *un homme arrivé* ; *une chose arrivée* ; etc. (J'ai noté dans le livre des radicaux les principaux verbes neutres qui se conjuguent avec l'auxiliaire ÊTRE, et dont, par conséquent, le participe passé s'accorde toujours en genre et en nombre avec le sujet.)
3° avec tout verbe PRONOMINAL (dont le participe passé reste au masculin singulier, à moins qu'il ne soit précédé de son complément direct avec lequel il s'accorde alors en genre et en nombre).

(ss) Je n'ai pas parlé dans ce tableau des temps *surcomposés,* comme :
Participe passé : *ayant eu chanté.*

Passé antérieur indéfini :   *j'ai eu chanté.*
Plus-que-passé :   *j'avais eu chanté.*
Futur antérieur :   *j'aurais eu chanté.*
Conditionnel passé :   *j'eusse eu chanté* ou *j'aurais eu chanté*, etc.

parce que, entièrement inusités dans les verbes passifs et dans les verbes pronominaux, ces temps sont d'un emploi très-rare dans les autres verbes.

(ss *bis*.) Le *passé antérieur*, avec les terminaisons du participe passé, s'emploie pour marquer qu'un événement passé a eu lieu avant un autre événement également passé, qui l'a suivi immédiatement.

(TT) Le *plus-que-passé*, avec les terminaisons du participe passé, s'emploie pour exprimer qu'un événement passé a eu lieu avant un autre événement également passé, mais qui ne l'a pas suivi immédiatement.

(UU) Le *futur simple* s'emploie pour exprimer un événement comme devant avoir lieu dans un temps où l'on n'est pas encore.

(VV) Terminaison propre :
1° à tous les verbes en ER, excepté *aller, envoyer, renvoyer*.
2° à tous les verbes en *cueillir*.
3° au verbe *saillir* (s'avancer en dehors de l'alignement).
4° au verbe *être* et au verbe *faire* avec ses composés.

(XX) Terminaison propre :
1° aux trois verbes *aller, envoyer, renvoyer*.
2° à tous les verbes en IR, excepté ceux qui sont terminés par : *cueillir*, ainsi que le verbe *saillir* (s'avancer en dehors de l'alignement).
3° à tous les verbes en OIR et en RE, excepté *être* et *faire* avec ses composés.

(YY) Le *futur antérieur*, avec les terminaisons du participe passé, s'emploie quand on veut exprimer qu'un événement à venir arrivera avant un autre événement qui est lui-même à venir.

(ZZ) Le *conditionnel simple* ou *présent* s'emploie pour exprimer qu'un événement à venir aurait lieu, moyennant une condition.

(AAA) Terminaison propre :
1° à tous les verbes en ER, excepté *aller, envoyer, renvoyer*.
2° à tous les verbes en *cueillir*.
3° au verbe *saillir* (s'avancer en dehors de l'alignement).
4° au verbe *être* et au verbe *faire* avec les composés.

(BBB) Terminaison propre :
1° aux trois verbes *aller, envoyer, renvoyer*.
2° à tous les verbes en IR, excepté ceux qui sont terminés par *cueillir*, ainsi que le verbe *saillir* (s'avancer en dehors de l'alignement).
3° à tous les verbes en OIR et en RE, excepté *être* et *faire* avec ses composés.

(CCC) *Le conditionnel passé défini*, avec les terminaisons du participe passé, s'emploie pour exprimer qu'un événement aurait eu lieu dans un temps passé donné, moyennant une condition, comme :
« J'eusse étudié hier à midi, si j'avais eu mes livres. »

(DDD) *Le conditionnel passé indéfini*, avec les terminaisons du participe passé, s'emploie pour exprimer qu'un événement aurait eu lieu dans un temps passé indéterminé, moyennant une condition.

(EEE) *L'impératif simple* s'emploie généralement quand on veut exprimer une action avec commandement de la faire, ou une exhortation à l'exécuter, ou une défense de l'effectuer.

(FFF) L'**s** ne s'emploie ici que devant **en** et **y** quand ils sont pronoms (Acad.).

(GGG) Les pronoms **toi, t'en, nous, vous**, précédés d'un trait-d'union, ne s'emploient ici que comme compléments et se placent après le verbe.

(HHH) Terminaison propre :
1° aux verbes en ER, excepté *aller*.
2° aux verbes en IR, mais seulement dans les terminaisons suivantes :
assaillir, cueillir, offrir, ouvrir, souffrir, tressaillir.
3° au verbe SAVOIR et au verbe VOULOIR, (N° 16 B).

(III) Terminaison propre au seul verbe ALLER.

(JJJ) Terminaison propre au seul verbe ÊTRE.

(KKK) Terminaison propre au seul verbe AVOIR.

(LLL) Terminaison propre :
1° aux verbes en IR, excepté ceux qui sont terminés par :
assaillir, cueillir, offrir, ouvrir, souffrir, tressaillir.
2° aux verbes en OIR, excepté ceux qui sont terminés par :
asseoir (N° 19 A.), *avoir, pouvoir, valoir, vouloir.*

3° aux verbes en RE, y compris *maudire*, excepté ceux qui sont terminés par : *cendre, coudre, dire, faire, fendre, fondre, moudre, mordre, pandre, pendre, perdre, pondre, prendre, rendre, tendre, tondre, tordre, vaincre, vendre*.

(MMM) Terminaison propre au verbe VOULOIR, (N° 16,) et aux verbes terminés par *valoir*.

(NNN)* Terminaison propre au verbe ASSEOIR (N° 19 A), et aux verbes terminés par : *cendre, coudre, fendre, fondre, moudre, mordre, pandre, pendre, perdre, pondre, prendre, rendre, tendre, tondre, tordre, vendre*.

(OOO) Terminaison propre aux seuls verbes terminés par FAIRE et par DIRE, excepté *maudire*.

(PPP) Terminaison propre aux seuls verbes CONVAINCRE et VAINCRE.

(QQQ) *L'impératif passé antérieur*, avec les terminaisons du participe passé, s'emploie quand on commande ou quand on défend qu'un événement à venir ARRIVE avant un autre qui est lui-même à venir.

(RRR) L'**s** ne s'emploie ici que devant **en** et **y** quand ils sont pronoms. (*Acad.*)

(SSS) Les pronoms *toi, nous, vous,* précédés d'un trait-d'union, ne s'emploient le plus souvent ici qu'après l'auxiliaire dans les verbes pronominaux.

(TTT) Il n'entre pas dans mon plan d'énumérer les mots après lesquels il faut mettre le verbe à l'un des temps du subjonctif plutôt qu'à l'un des temps de l'indicatif.
Tout ce que je veux dire est ceci :
En général, quand quelque doute reste dans l'esprit et l'empêche de regarder l'effet du verbe suivant comme assuré, comme incontestable, il faut mettre le second verbe à l'un des temps du subjonctif.

(TTT *bis.*) Employez *le présent du subjonctif* si le verbe qui doit être à ce temps peut se tourner par : *le présent de l'indicatif*
ou par *le futur simple de l'indicatif.*
1° Quels que *soient* les humains, il faut vivre avec eux.
(Le sens permet de dire par l'indicatif présent : Les humains *sont* souvent d'un caractère difficile; cependant il faut vivre avec eux.)
2° Il faut que nous *mourions* tous.
(On peut dire par le futur simple : nous *mourrons* tous, puisque c'est une loi de la nature.)

(UUU) Terminaison propre à tous les verbes, excepté AVOIR et ÊTRE.

(vvv) Terminaison propre au seul verbe ÊTRE.

(xxx) Terminaison propre au seul verbe AVOIR.

(yyy) Il faut employer *l'imparfait du subjonctif* quand le verbe qui doit être à ce temps peut se tourner par : *l'imparfait de l'indicatif.*
ou par : *le conditionnel simple.*
1° Quelque fins politiques que *fussent* Burrhus et Senèque, ils ne purent découvrir le fond du cœur de Néron.
(Le sens permet de dire par l'imparfait de l'indicatif : Burrhus et Senèque *étaient* des politiques bien fins; cependant ils ne purent découvrir le fond du cœur de Néron.)
2° Entre Taxile et vous, s'il fallait prononcer, Seigneur, le croyez-vous, qu'on me *vît* balancer ?
(Le sens permet de traduire par le conditionnel présent :
Me *verrait-on* balancer, Seigneur, s'il fallait prononcer ?)

	(LL)	(MM)	(NN)	(OO)
Terminaisons du passé défini de l'indicatif.	ai	ins	is	us.
Terminaisons correspondantes de l'imparfait du subjonctif.	asse	insse	isse	usse.

(zzz) Employez *le passé du subjonctif* si le second verbe peut se tourner par : *le passé indéfini de l'indicatif*
ou par : *le futur antérieur de l'indicatif.*
1° Me répondez-vous bien qu'il *m'ait défait* d'Égisthe ?
(Le sens permet de dire par le passé indéfini de l'indicatif: *m'a-t-il défait* d'Égisthe ? Parlez ; m'en répondez-vous bien ?
2° Si vous attendez que Philoclès *ait conquis* l'île de Carpathie, il ne sera plus temps d'arrêter ses desseins.
(Le sens permet de tourner par le futur antérieur de l'indicatif : Quand Philoclès *aura conquis* l'île de Carpathie, il ne sera plus temps d'arrêter ses desseins.)

(AAAA) Il faut employer *le plus-que-passé du subjonctif* quand le verbe qui doit être à ce temps peut se tourner :
par *le plus-que-passé de l'Indicatif*
ou par *l'un des conditionnels passés.*
1° Pour arriver aujourd'hui à midi, il faudrait que vos parents *eussent pris* la diligence deux jours plus tôt.
(Le sens permet de dire par le plus-que-passé de l'indicatif : Si vos parents *avaient pris* la diligence deux jours plus tôt, ils arriveraient aujourd'hui à midi.)
2° Je doute que cet homme *eût été* nommé ambassadeur, si vous ne l'eussiez protégé.
(Le sens permet de dire par l'un des conditionnels passés : Assurément cet homme *n'eût pas été nommé* ambassadeur, si vous ne l'eussiez protégé.)

Paris, imprimerie de Paul Dupont, rue de Grenelle-Saint-Honoré.

Paris. — Imp. PAUL DUPONT, 45, rue Grenelle-Saint-Honoré

www.ingramcontent.com/pod-product-compliance
Lightning Source LLC
Chambersburg PA
CBHW060453050426
42451CB00014B/3296